Kai Subel, Michel Schultz

Computational Social Network Analysis

Trends, Tools and Research Advances

GRIN Verlag

Bibliografische Information der Deutschen Nationalbibliothek:

Die Deutsche Bibliothek verzeichnet diese Publikation in der Deutschen National-
bibliografie; detaillierte bibliografische Daten sind im Internet über http://dnb.d-
nb.de/ abrufbar.

Impressum:

Copyright © 2010 GRIN Verlag GmbH
Druck und Bindung: Books on Demand GmbH, Norderstedt Germany
ISBN: 978-3-640-73315-6

Dieses Buch bei GRIN:

http://www.grin.com/de/e-book/160118/computational-social-network-analysis

GRIN - Your knowledge has value

Der GRIN Verlag publiziert seit 1998 wissenschaftliche Arbeiten von Studenten, Hochschullehrern und anderen Akademikern als eBook und gedrucktes Buch. Die Verlagswebsite www.grin.com ist die ideale Plattform zur Veröffentlichung von Hausarbeiten, Abschlussarbeiten, wissenschaftlichen Aufsätzen, Dissertationen und Fachbüchern.

Besuchen Sie uns im Internet:

http://www.grin.com/

http://www.facebook.com/grincom

http://www.twitter.com/grin_com

2010

Computational Social Network Analysis

Trends, Tools and Research Advances

Michel Schultz, Kai Subel

Computergestützte Kooperation

01.07.2010

Inhaltsverzeichnis

Abbildungsverzeichnis

Tabellenverzeichnis

1 Einleitung

Diese Ausarbeitung befasst sich mit dem Thema Computational Soical Network Analysis. Ziel ist es, dem Leser einen Einblick in diese Thematik zu verschaffen. Dabei werden Hintergründe, anwendbare Methoden und Tools vorgestellt, die hierbei Verwendung finden.

Zunächst wird dabei näher auf den Hintergrund, also warum dieses Gebiet als Forschungsgegenstand so interessant ist, eingegangen.

Anschließend werden verschiedene Aspekte, die man im Rahmen der Analyse sozialer Netzwerke untersuchen kann benannt. In diesem Zusammenhang werden auch zwei verschiedene Kategorien zur formalen Analyse benannt. Zur Verdeutlichung wird die Verwendung dieser am Ende des Kapitels auch noch einmal anhand eines Praxisbeispiels gezeigt.

Das nächste Kapitel befasst sich mit der Fragstellung, wie Schlüsselfiguren in Netzwerken ermittelt werden können und was für Rollen diese spielen. Dabei werden auch die verschiedenen Arten von Schlüsselfiguren benannt.

Eine weitere zentrale Rolle in der Analyse sozialer Netzwerke nehmen Gruppen ein. Die Bedeutung von Gruppen und wie man sie ermitteln kann wird im nächsten Kapitel erläutert.

Aufbauend auf den Gruppen sollen Interaktionen innerhalb von Netzwerken untersucht werden. Hierfür werden zunächst die nötigen Werkzeuge, wie die SCAN oder DISSECT Methode vorgestellt und anschließend die Einsatzgebiete anhand von Beispielen verdeutlicht.

Im 7. Kapitel wird eine eLearning Plattform näher betrachtet. Hierbei werden zunächst die Eigenschaften und Besonderheiten von eLearning Plattformen beschrieben und anschießend anhand eines Praxisbeispiels verschiedene Methoden zur Analyse sozialer Netzwerke angewendet.

2 Hintergrund

Die Entwicklung sozialer Netzwerke wie Xing, Studivz oder Facebook bietet den Nutzern verschiedene Interaktionsmöglichkeiten. Hierzu gehören beispielsweise die Mensch zu Mensch (z.b. Nachrichtenaustausch) oder die Mensch zu Technologie Interaktion (z.B. Pflegen von Profildaten, Onlinegames).[1,2] Diese Tatsache und auch viele andere interessante Fragestellungen wie z.b der Zusammenhang von Personen oder Gruppen haben dazu geführt, dass der Bereich der Analyse sozialer Netzwerke immer stärker wächst. Die Entwicklung hin zu Web 2.0 hat diesen Trend dabei noch zusätzliche unterstützt, da es den Benutzern die Möglichkeit gibt, sich ähnlich wie in realen sozialen Netzwerken, selbst zu organisieren. Dies beinhaltet u. a. die Auswahl des Freundeskreises, der Gruppenzugehörigkeit oder die Möglichkeit sofort, global und kostenlos eine Vielzahl von Informationen zu verteilen und einzusehen.[3]

3 Aspekte zur Untersuchung sozialer Netzwerke

Es gibt mehrere Aspekte, die in Bezug auf soziale Netzwerke untersucht werden können. Ein Beispiel wäre die Fragstellung, warum wir bestimmten sozialen Netzwerken beitreten. Diese Frage bildet zugleich den Hauptaspekt bei der Analyse sozialer Netze. Die Antwort lässt sich dabei verschiedenen Motivationsfaktoren zuordnen.

- Informationsaustausch
- Soziale Aspekte
- Freundschaften
- Erholung[4]

Nachfolgend sind die einzelnen Kategorien noch einmal in einer Tabelle zusammengefasst.

Tabelle 1 - Kategorien zur Analyse sozialer Netzwerke - Vgl. [AHS10], S. 7

Kategorie	Beschreibung	Dimension	Beispiele
Informations-austausch	Informationen zu einem Thema erhalten	• Motivation • Fähigkeiten • Zufriedenheit • Wohlgefühl	• Neue Dinge lernen • Ideen entwickeln
Soziale Aspekte	Sozial bewegte Informationen erhalten	• Bildung • Diskussionsgruppen • Freizeitunterhal-tung	• Hilfe erhalten • Andere unterstützen
Freundschaften	Freundschaften knüpfen	• Wissensaustausch • kollektive Erfahrungen • Ansehen	• Mit Personen die gleiche Interessen haben reden

---

[1] Vgl. [AHS10], S. v
[2] Vgl. [BBFl10]
[3] Vgl. [AHS10], S. 3 ff
[4] Vgl. [AHS10], S. 6 f

Erholung	Zur Unterhaltung	• Shopping • Hobbies	• Mit Leuten über Sport reden

Ein weiterer Aspekt, der bei sozialen Netzwerken untersucht werden kann, betrifft die Struktur der Netzwerke. Bei dieser Betrachtung werden sowohl gesellschaftliche als auch kulturelle Aspekte berücksichtigt. Untersuchungen in diesem Gebiet ermöglichen Rückschlüsse darauf, ob ein Netzwerk straff begrenzt ist, es also z.b. einen aufgrund gemeinsamer Interessen eingeschränkten Nutzerkreis gibt, oder ob es sich um ein weit verteiltes Netzwerk handelt.[5] Der Schwerpunkt der Untersuchungen liegt dabei mehr darauf die Beziehungen der Mitglieder untereinander zu untersuchen, als die Eigenschaften eines einzelnen Mitgliedes näher zu betrachten. Es wird zwischen zwei verschiedenen Kategorien zur formalen Analyse unterschieden.

- Datensammlung in Netzwerken
- Veranschaulichung von Daten in Netzwerken[6]

3.1 Datensammlung in Netzwerken

Die Datensammlung dient der Ermittlung von Hintergrundinformationen zur Entwicklung des Netzwerkes und dessen räumlicher Ausdehnung. Es wird also versucht zu ermitteln, was für Möglichkeiten (z.B. im Bereich der Interaktion) den Mitgliedern geboten werden, wie diese untereinander Interagieren (z.B. Diskussionen, Austausch von Informationen) und in welchem Umkreis (z.B. räumlich oder thematisch) sich die Handlungen der Mitglieder bewegen.[7]

Hierbei findet die sogenannte Socio-Centric Methode Verwendung. Sie wird bei der Betrachtung der Beziehungen der Mitglieder untereinander eingesetzt. Zweiergruppen bilden dabei logisch die kleinste Basis für Interaktionen. Die Datensammlung erfolgt in 3 nacheinander folgenden Stufen.

1. Ermitteln der Beziehung eines Mitgliedes zu allen anderen
2. Untersuchen dieser Beziehungen in Hinblick auf Stärke, Bestätigung und Vielfältigkeit
3. Verschaffen eines Gesamtüberblicks über das betrachtete Netzwerk (Größe, Dichte)[8]

Um an diese Daten heran zu kommen, müssen die einzelnen Mitglieder Fragen zu anderen Mitgliedern beantworten können. Die Auswertung der Antworten erfolgt dabei anhand einer Matrix.

Tabelle 2 - Beispielmatrix der Socio-Centric Methode - Vgl. [AHS10], S. 11

Frage 1	Mitglied A	Mitglied B
Mitglied A	1	3
Mitglied B	2	4

---

[5] Vgl. [SC00]
[6] Vgl. [AHS10], S. 8 ff
[7] Vgl. [AHS10], S. 8 ff
[8] Vgl. [GR83], S. 201 ff

Die Zahl gibt dabei jeweils die Antwort des befragten Mitgliedes in Bezug auf das zu beurteilende Mitglied an. Jede Matrix gilt für eine Frage und zeigt die Beziehungen der Mitglieder unter diesem Gesichtspunkt an. Aufgrund des hohen Erfassungsaufwandes ist die Socio-Centric Methode eher an kleinere Gruppen mit 20-50 Personen gerichtet und wird bei größeren Stichproben eher selten verwendet.[9]

Im Gegensatz dazu gibt es auch noch die Ego-Centric-Methode. Charakteristisch für die diese Methode ist, dass der Fokus stärker auf das einzelne Mitglied als auf das gesamte Netzwerk gelegt ist. Zudem spielen die Beziehungen von ausgewählten Mitgliedern eine zentrale Rolle. Hierbei gilt, desto mehr Beziehungen ermittelt werden, desto zentraler ist die Rolle dieser Person für das Netzwerk und desto weniger Beziehungen vorhanden sind, desto unbedeutender ist sie im Gegenzug.[10]

3.2 Veranschaulichung von Daten in Netzwerken

Unter der Veranschaulichung von Daten in Netzwerken wird die Darstellung von jeglichen Daten in Form von Bildern, Diagrammen o.ä. verstanden. Diese Form der Analyse zeichnet sich dadurch aus, dass sie schnell möglichst viele Informationen vermitteln kann, dabei helfen kann vorher unbekannte Tatsachen bzw. Beziehungen zu entdecken oder aber einen besseren Einblick in bereits erforschte Gebiete verschafft.

Graphen, die hierbei Verwendung finden sind zum Beispiel folgende:

Tabelle 3 - Graphen für die Analyse sozialer Netzwerke - Vgl. [SSA10], [AHS10], S. 13

Bezeichnung	Verwendung	Beispiel
Ungerichtet	Einsatz um symmetrische Relationen abzubilden	
Gerichtet	Einsatz um asymmetrische als auch symmetrische Beziehungen abzubilden	
Gewichtet	Werden zur Verdeutlichung von Intensitäten, Entfernungen oder Kosten verwendet	
Planar	Wenn der Graph so abgebildet werden kann, dass sich keine Kanten schneiden (häufig der Fall, wenn eine Person eine zentrale Rolle einnimmt)	

Neben den Graphen können auch Matrizen verwendet werden, um Beziehungen abzubilden.

---

[9] Vgl. [AHS10], S. 9 ff
[10] Vgl. [AHS10], S. 9 ff

Bezeichnung	Verwendung	Beispiel
Spaltenorientiert	Wenn es nur vertikale Einträge gibt. Jede Spalte ist dabei ein anderes Mitglied, welches eine bestimmte Eigenschaft erfüllt oder eben nicht.	$B = \begin{pmatrix} b_{11} \\ b_{21} \end{pmatrix}$
Zeilenorientiert	Wenn es nur horizontale Einträge gibt. Jedes a ist dabei einem Mitglied zugeordnet, wobei es unterschiedliche Eigenschaften gibt, die a erfüllt oder nicht.	$A = \begin{pmatrix} a_{11} & a_{12} & a_{13} & a_{14} & a_{15} \end{pmatrix}$
Quadratische	Es gibt gleichviele Zeilen und Spalten. Beispiel: Hierbei werden die Mitglieder untereinander zugeordnet. Zu jeder Matrix gibt es eine Leitfrage. Über den Spalten und vor den Zeilen stehen dabei die Namen der Mitglieder. Jedes Mitglied beantwortet die Frage in Bezug auf alle anderen Mitglieder. Wenn es zustimmt setzt es eine 1, wenn nicht, dann eine 0. So erhält man einen Überblick über das Meinungsbild.	$A = \begin{pmatrix} a_{11} & a_{12} & \cdots & a_{1n} \\ a_{21} & a_{22} & \cdots & a_{2n} \\ \vdots & \vdots & & \vdots \\ a_{n1} & a_{n2} & \cdots & a_{nn} \end{pmatrix}$
Dreieckig	Wie eine quadratische Matrize nur mit dem Unterschied, dass alle Koeffizienten unter der Hauptdiagonale = 0 sind.	$V = \begin{pmatrix} 1 & 2 & 5 \\ 0 & 2 & 8 \\ 0 & 0 & 9 \end{pmatrix}$

3.3 Praxisbeispiel

In der Praxis kommt es häufig vor, dass mehrere Methoden kombiniert werden. Dies ist auch im Fall der Socio- und Ego-Centric Methode möglich. Der Ablauf wird dabei in zwei Phasen unterteilt.

In der ersten Phase wird der Ego-Centric Ansatz verfolgt. Hierbei wird eine Person und dessen Umfeld näher betrachtet. In der Nachfolgenden Grafik ist dies am Beispiel von Robert dargestellt.

Tabelle 5 - Beispielbefragung um Roberts Beziehungen zu ermitteln - Vgl. [AHS10], S. 20

Frage	Antwort
Mit wie vielen Mitgliedern hattest Du in den letzten 7 Tagen regelmäßigen Kontakt?	11
Bitte benenne diese mit Name und Alter	1. Ray-m-22 2. Crystal-f-23 3. Livia-f-30 4. Justine-f-26 5. Sara-m-28 6. Victor-m-32 7. …
Von diesen Mitgliedern sind wie viele	
Fester Freund/Freundin	1 (Sara)
Freund/in	8
Bekannte/r	2
Bitte gib an, welches der von Dir genannten Mitglieder mit welchem anderen Mitglied in letzter Zeit regelmäßigen Kontakt hatte	• Crystal steht in regelmäßigem Kontakt mit Victor • Livia hatte regelmäßigen Kontakt mit Sara, Victor und Justine • Justine hat regelmäßigen Kontakt mit Livia und Sara • …

Das Ergebnis dieser Befragung lässt sich anschließend in Form eines Graphen visualisieren.

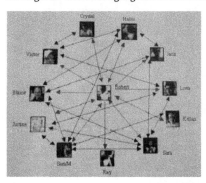

Abbildung 1 - Visualisierung von Roberts Position im Netzwerk - [AHS10], S. 21

Auf dieser Abbildung kann man erkennen, in welcher Beziehung Robert zu den Mitgliedern, mit denen er in den letzten 7 Tagen Kontakt hatte, steht. Wechselseitige Pfeile bedeuten dabei, dass es sich um beidseitige Kommunikation gehandelt hat.

Nun folgt die zweite Phase, in der von der Ego-Centric auf die Socio-Centric Methode gewechselt wird. Der Fokus liegt nun nichtmehr auf einer sondern auf allen beteiligten

9

Personen. So lassen sich bestimmte Fragestellungen beantworten. Ein Beispiel wäre hierfür der Einsatz einer quadratischen Matrix.

Tabelle 6 - Matrix zur Analyse des Vertrauens - Vgl. [AHS10], S. 22

Wie stark ist das Vertrauen?	Robert	Ray	Crystal	Livia	Sara
Robert	-	3	4	4	5
Ray	3	-	1	4	3
Crystal	4	4	-	4	4
Livia	2	1	1	-	2
Sara	5	0	4	1	-

Die Werte reichen hierbei von 0 (= kein Vertrauen) bis 5 (= volles Vertrauen). Anhand der Spaltensummen können nun leicht Rückschlüsse darauf gezogen werden, welche der Personen am vertrauenswürdigsten erscheint.

4 Schlüsselfiguren in Netzwerken

Wie bereits im vorherigen Kapitel beschrieben, werden Beziehungen zwischen Mitgliedern in Netzwerken häufig mit Hilfe von Graphen dargestellt. Anhand dieser Darstellungsform erhält man einen Überblick über die Position jeden Mitgliedes in einem Netzwerk. Ein Mitglied kann beispielsweise eine sehr zentrale oder aber eher unauffällige Rolle einnehmen. Man unterscheidet verschiedene Arten von Schlüsselrollen.

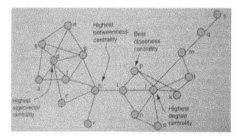

Abbildung 2 - Schlüsselrollen in Netzwerken - [AHS10], S. 30

Tabelle 7 - Arten von Schlüsselrollen - Vgl. [LS02], S. 36 ff

Bezeichnung	Beschreibung
Eigenvektor Zentralität (eigenvector centrality)	Hierbei steht die Fragestellung, wie viele der Graphen auf ein Mitglied zeigen im Vordergrund. Dabei gilt, desto mehr, desto höher ist die Eigenvektorzentralität.
Zwischenzentralität	Wie groß ist die Bedeutung eines Mitgliedes für die Vernetzung von Mitgliedern oder Gruppen? Viele der Informationen fließen

(betweenness centrality)	nur über diese eine Person vom einen in den anderen Teil des Netzwerkes.
Knotenverbundheitszentralität (closeness centrality)	Wie gut bin ich an zentrale Punkte des Netzwerkes angeschlossen? Ist es leicht für mich viele andere Mitglieder zu erreichen?
Bekanntheitszentralität (degree centrality)	Wie viele andere Mitglieder kennen mich im gesamten Netzwerk? Die Bekanntheitszentralität ist ähnlich der Eigenvektorzentralität, jedoch wird bei der Eigenvektorzentralität meist nur ein kleiner Ausschnitt (z.B. die Personen mit denen ich in den letzten 7 Tagen Kontakt hatte) des Freundeskreises des betrachteten Mitgliedes untersucht. Bei der Bekanntheitszentralität wird dagegen das gesamte Netzwerk untersucht.

Häufig ist es jedoch nicht leicht, eine bestimmte Person als Schlüsselfigur fest zu machen, da es meistens mehrere Personen gibt, die dafür in Frage kommen. Es ist also einfacher, mehrere Schlüsselfiguren für eine Rolle als eine Schlüsselfigur pro Rolle zu finden.[11]

Um herauszufinden, ob eine Person eine Schlüsselrolle in einem Netzwerk ist, gibt es verschiedene Methoden, die angewendet werden können. Zum einen kann die Analyse auf Basis der Anzahl der Freunde basieren. Dabei wird jeder einzelne Knoten (jedes Mitglied ist ein Knoten) in Hinblick auf die Anzahl der Kanten untersucht. Anschließend erfolgt ein Ranking, indem das Ergebnis abgebildet wird. Alle Knoten, die dabei einen bestimmten, vorher festgelegten, Wert erreichen, werden anschließen als Schlüsselfiguren akzeptiert.[12]

Ein anderer Ansatz geht über den Weg der Kommunikationseffizienz. Hierbei wird untersucht, was für Auswirkungen das Entfernen eines einzelnen Knotens auf die Kommunikationswege im Netzwerk hat. Knoten, deren Entfernung starke Auswirkungen auf die Kommunikationswege haben, werden dabei als Schlüsselfiguren ermittelt.[13]

---

[11] Vgl. [LS02], S. 36 ff
[12] Vgl. [AHS10], S. 32 ff
[13] Vgl. [AHS10], S. 32 ff

5 Bedeutung von Gruppen

Dieses Kapitel beleuchtet Fragestellungen, wie Gruppen in sozialen Netzwerken ermittelt werden können und wie diese zusammenhängen. Für Gruppen gilt dabei zunächst ganz allgemein, dass ihre Entwicklung Einfluss auf das gesamte Netzwerk hat und zusammenhängende Gruppen die aktivsten Mitglieder haben können.[14]

Um zusammenhängende Gruppen zu ermitteln gibt es zwei Ansätze. Der eine basiert darauf, direkt die Beziehungsstrukturen zu untersuchen um herauszufinden, wie die Gruppen untereinander zusammenhängen. Hierbei unterscheidet man wiederum zwischen zwei Alternativen.

	Cliquen[15,16]	K-Plex Ansatz[17]
Beschreibung	Cliquen sind voll vernetzte Gruppen. Dies bedeutet, dass jede Person mit jeder anderen Person in dieser Gruppe in Kontakt steht.	Beim K-Plex Ansatz gibt es eine variable Gruppengröße. Diese hängt von dem Faktor K, welcher variable gewählt werden kann, ab.
Vernetzung	Jedes Mitglied ist mit jedem andern Mitglied vernetzt.	Nicht jedes Mitglied muss mit allen anderen Mitgliedern der Gruppe vernetzt sein. Der Grad der Vernetzung hängt von dem Faktor K ab. K bestimmt, wie stark die Mitglieder untereinander vernetzt sein müssen, damit die Gruppe als voll vernetzt angenommen wird.
Vorkommen	Reine Cliquen kommen in Netzwerken eher selten vor, da meist nicht alle Mitglieder einer Gruppe vernetzt sind.	In einem Netzwerk hängt die Anzahl der K-Plex Gruppen vom Faktor K ab.
Beziehungsanzahl	Bei n Mitgliedern hat jeder n-1 Beziehungen.	Jedes Mitglied hat mindestens n-K Beziehungen.

Der zweite Ansatz verwendet Cluster- und Aufteilungsmethoden. Die Gruppenaufteilung basiert hierbei auf den Ergebnissen von Näherungsverfahren. Diese Ansätze sind von Verfahren abgeleitet, die Verbindungen zwischen Netzwerkknoten untersuchen.[18]

Beim Clustering werden die einzelnen Knoten (Mitglieder) analysiert und anschließend bestimmten Clustern zugeordnet. Ein Cluster ist dabei eine Gruppe von Objekten, die in Bezug auf eine Eigenschaft einen minimalen Abstand haben.[19]

---

[14] Vgl. [MA02]
[15] Vgl. [FU06], S. 138 ff
[16] Vgl. [THS05], S. 83
[17] Vgl. [AHS10]
[18] Vgl. [AHS10]
[19] Vgl. [THS05], S. 112 ff

Alternativ zum Clustering können Aufteilungsmethoden verwendet werden. Dies erfordert jedoch im Gegensatz zum Clustering dass die Anzahl der Gruppen, in die die Knoten aufgeteilt werden vorher bekannt ist. Die einzelnen Knoten werden anschließend untersucht und der jeweils passenden Gruppe zugeordnet.[20]

Vergleicht man diese beiden Methoden, so lässt sich festhalten, dass Aufteilungsmethoden effizienter als Clustering-Verfahren sind. Bei beiden Verfahren ist jedoch, im Gegensatz zum ermitteln von Cliquen oder dem K-Plex-Ansatz ein effektiver Einsatz von Computern möglich.[21]

6 Analyse von Interaktionen in Netzwerken

Interaktionen bezeichnen Wechselwirkungen zwischen Personen oder Gruppen und wie sie sich durch ihr aufeinander bezogenes Handeln gegenseitig beeinflussen.[22] Um Interaktionen in Netzwerken zu analysieren, können verschiedene Methoden eingesetzt werden. Dazu zählen die Social Cohesion Analysis of Networks (SCAN)- Methode oder aber auch die Data Intensive Socially Similar Evolving Community Tracker (DISSECT)-Methode.

6.1 Die SCAN-Methode

Sie dient dazu Gruppen mit langer Kohärenz zu ermitteln. Die Gruppen mit starker Kohärenz werden dabei in Obergruppen gesucht. Obergruppen können dabei z.B. Leute sein, die gleiche Newsgruppen oder Mailinglisten nutzen, oder aber auch Mitglieder eines gemeinsamen Blogs sind.

Die Auswahl um eine kohäsive Gruppe zu ermitteln besteht dabei aus 3 Schritten.

1. Zunächst werden Mitglieder ausgewählt von denen man vermutet, sie würden zu kohärenten Gruppen gehören
2. Diese Mitglieder werden in Gruppen eingeordnet
3. Anschließend können diese kohäsiven Gruppen, deren Mitglieder über einen längeren Zeitraum ähnlich sind, für weitere Untersuchungen genutzt werden.

Zusammenfassend kann man also sagen, dass die Ermittlung aus 3 wesentlichen Schritten besteht, dem Auswählen, Einordnen und Benutzen.[23]

6.1.1 Auswählen

Die erste Stufe der SCAN Methode besteht daraus, Mitglieder auszuwählen, von denen man annimmt, sie ließen sich zu kohäsiven Gruppen zusammenfassen. Dies wird dadurch erreicht, dass man sich zunächst auf bestimmte Kriterien zur Auswahl festlegt. Für diese Kriterien wird anschließend ein Grenzwert festlegt, der erreicht werden soll. Alle Mitglieder, die diesen Grenzwert erreichen, werden für die spätere Analyse weiterverwendet.[24]

---

[20] Vgl. [AHS10]
[21] Vgl. [AHS10]
[22] Vgl. [AU10]
[23] Vgl. [CH09], S. 28
[24] Vgl. [CH09], S. 39

6.1.2 Einordnen

In dieser nächsten Stufe sollen die ausgewählten Mitglieder kohärenten Gruppen zugeordnet werden. Dies geschieht beispielsweise anhand der K-Plex Methode, welche es ermöglicht, kohärente Gruppen zu ermitteln.

6.1.3 Benutzen

Die Stufen 1 und 2 (Auswählen und Einordnen) können beliebig oft wiederholt werden, um jeweils andere kohärente Gruppen zu ermitteln. Nun stellt sich die Frage, welche dieser kohärenten Gruppen man am besten für weitere Untersuchungen verwenden sollte. Ein wichtiges Kriterium, welches kohäsive Gruppen erfüllen sollten ist, dass sie sich im Laufe der Zeit nicht allzu stark verändern. Gruppen mit wenigen Veränderungen sollten also gegenüber Gruppen, in denen es stärkere Änderungen gab, bevorzugt werden.

6.1.4 Praxisbeispiele

Als Praxisbeispiel für den Einsatz der SCAN Methode lässt sich das TorCamp von Google anführen. TorCamp ist ein Webforum zum Informationsaustausch, indem die Mitglieder eigene Gruppen erstellen können und in diese anschließend bestimmte Mitglieder einladen. Ziel der TorCamp Untersuchung war es, Personen ausfindig zu machen, die zu unterschiedlichen Themen kohärente Beziehungen mit anderen Personen haben. Die Daten für die Untersuchung wurden in der Zeit von Januar 2006 bis Dezember 2007 gesammelt. Der Zeitraum belief sich also auf 2 Jahre. Man entschied sich dafür, diesen Zeitraum auf 4 Zeitperioden à 6 Monate zu unterteilen. Der Grund hierfür war, dass in diesen Zeitperioden genug Interaktionen stattfanden, um Aussagen über kohärente Gruppen machen zu können und zudem mit insgesamt 4 Zeitperioden ausreichend viele Vergleichsperioden zur Verfügung standen.[25]

In dem Untersuchten Zeitraum stiegen die Anzahl der Mitglieder und damit einher ebenfalls die Anzahl der Themen und Nachrichten fast kontinuierlich –mit Ausnahme der vierten Zeitperiode in der die Anzahl der Nachrichten leicht zurück ging.

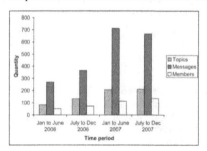

Abbildung 3 - Entwicklung der Google TorCamp Plattform - [CH09], S. 47

Im Verlauf der 2 Jahre entwickelten sich also zunehmend mehr Themen, über die die Mitglieder diskutierten. Diese Veränderung wurde ebenfalls graphisch abgebildet.

---

[25] Vgl. [CH09], S. 29 ff

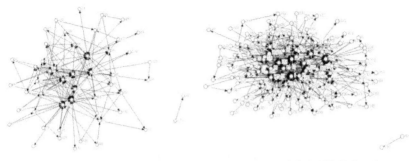

Abbildung 4 - 1. Zeitperiode (51 Mitglieder, 200
Beziehungen) - [CH09], S. 33

Abbildung 5 - 4. Zeitperiode (136 Mitglieder, 563
Beziehungen) - [CH09], S. 34

Jeder Knoten bildet hierbei eine Person ab, die im Rahmen der TorCamp ein Thema eröffnet hat oder in einem Thema eine Antwort gepostet hat. Die Kanten sind dabei gewichtet und geben an, wer wem geantwortet hat.

Das Ergebnis der TorCamp Studie war, dass es gelang, kohäsive Mitgliedergruppen zu analysieren. Das ermitteln von ähnlichen Mitgliedern viel dabei relativ leicht, da

- Innerhalb der Gruppen hohe Aktivitäten zu verzeichnen waren
- Die Mitglieder der einzelnen Gruppen das gleiche Ziel verfolgten
- Die hier besonders aktiven Mitglieder leicht zu identifizieren waren.[26]

Ein anderes Praxisbeispiel für die SCAN Methode wurde im Rahmen einen Analyse der Internetplattform YouTube vorgenommen. Bei diesem Beispiel wurde ein Video zum Thema Schutzimpfungen verwendet und deren Kommentare analysiert. Das Ergebnis dieses Versuches war es, dass es nicht gelang, eindeutig kohärente Gruppen zu ermitteln. Bei dieser Diskussion waren zwei unterschiedliche Gruppen vorhanden –zum einen diejenigen, die für eine Schutzimpfung waren und zum andern diejenigen, die gegen eine Schutzimpfung waren. Das Problem bei der Analyse lag also darin, dass es zu dem Film jeweils Kommentare von der pro- und von der contra-Seite gab. Die Diskussionsteilnehmer besaßen also, im Gegensatz zum TorCamp Experiment, keine ähnliche Einstellung. Die SCAN-Methode berücksichtige diesen Unterschied jedoch nicht und hielt Personen für kohärent, die gar nicht kohärent waren.[27]

Zusammenfassend lässt sich zu dieser Methode also folgendes festhalten.

- Die SCAN-Methode liefert bei Diskussionen o.ä. kein brauchbares Ergebnis
- Die Zeitperioden, die im Rahmen der SCAN Methode untersucht werden, werden relativ ad hoc ausgewählt und nicht nach bestimmten systematischen Vorgehensmustern
- Die Scan Methode betrachtete lediglich zwei verschiedene Aspekte zur Messung der Ähnlichkeit (konstante Mitgliedsschaft und Mitglieder, die neu hinzu gekommen sind). Es gibt jedoch auch noch weitere Aspekte, die berücksichtigt werden sollten (z. B. wieder zurück gekommene Mitglieder).
- Sie eignet sich jedoch für die Analyse von z.B. Hilfeforen oder anderen Plattformen zum Informationsaustausch

---

[26] Vgl. [CH09], S. 29 ff
[27] Vgl. [CH09], S. 32 ff

Außerdem stellt sich einem die Frage, ab wann man eine Gruppe als kohärent akzeptiert. Dies hängt sicherlich davon ab, wie sich eine Gruppe entwickelt und wächst. Andererseits spielen auch die Zeitperioden, in die der zu untersuchende Zeitabschnitt unterteil wird, eine Rolle. Die einzelnen Zeitabschnitte sollten dabei zusammenhängend und gleich lang sein.[28]

6.2 Die DISSECT-Methode

Eine Weiterentwicklung der SCAN-Methode ist die DISSECT-Methode. Sie versucht die Schwächen, die die SCAN-Methode hat auszugleichen. Ihr Ablauf besteht aus mehreren Schritten, die nacheinander durchgeführt werden.

1. Zunächst werden die gesammelten Daten in Zeitabschnitte aufgeteilt.
2. Anschließend werden für den ersten Zeitabschnitt die Untergruppen von Mitgliedern aus der Stichprobe gebildet. Hierfür werden Inhaltsanalysen durchgeführt und die Semantik betrachtet.
3. Aus diesen Untergruppen werden wiederum für die Untersuchung geeignete Mitglieder ausgewählt. Dies geschieht mit Hilfe der Auswahl-Stufe der SCAN-Methode.
4. Hierauf aufbauend wird eine Clusteranalyse durchgeführt
5. Die Schritte 3 und 4 werden für jeweils unterschiedliche Aspekte der Untersuchung wiederholt
6. Die Ergebnisse aus der vorhergehenden Stufe werden nun auf Ähnlichkeiten hin untersucht
7. Die vorhergehenden Schritte 2 bis 6 werden nun für unterschiedliche Zeitabschnitte durchgeführt
8. Nun wurde die Entwicklung von jeder Untergruppe über die einzelnen Zeitabschnitte hinweg erfasst. Diese wird in der 8. Phase in einer chronologischen Übersicht dargestellt.[29]

Ein mögliches Ergebnis wird im Folgenden dargestellt.

---

[28] Vgl. [AHS10], S. 90 ff
[29] Vgl. [AHS10], S. 94 ff

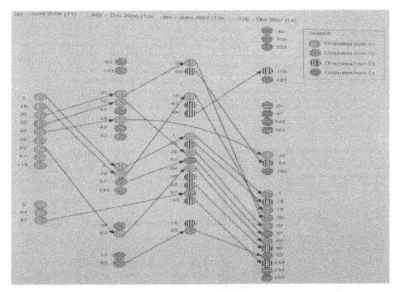

Abbildung 6 - Visualisierung kohäsiver Gruppen der TorCamp Studie - [AHS10], S. 95

In der Abbildung sind die Mitglieder als Kreise dargestellt. Alle Mitglieder, die in der gleichen Zeitperiode beigetreten sind, haben die Selbe Kreisform. Die Bewegung von Mitgliedern in unterschiedliche Cluster ist anhand der Pfeile dargestellt.

6.3 Entwicklung von Communities

Bisher war immer nur die Rede von Gruppen. Eine Weiterentwicklung, die die Folge von besonders viel Interaktion zwischen den Mitgliedern sein können, sind Communities. Communities zeichnen sich dadurch aus, dass sie einen hohen Grad an Zentralität haben, die Mitglieder eine starke Konnektivität aufweisen und ein gewisses Zusammengehörigkeitsgefühl besteht.

Dabei müssen sie sich nicht nur aus einer Gruppe heraus entwickeln. Sie können auch das Ergebnis der Verschmelzung von mehreren Gruppen hin zu einer mehrpoligen Community sein. Bei diesem Prozess spielen die Leader der aktiven Mitglieder der einzelnen Gruppen eine zentrale Rolle. Diese Personen weisen zu diesem Zeitpunkt eine sehr hohe Zwischenzentralität auf, da eine Vielzahl der Nachrichten über sie läuft.

Eine andere Möglichkeit ist, dass Gruppen in bereits existierende Communities eingegliedert werden. Die Community besitzt dabei beispielsweise eine zentrale Gruppe, um welche sich andere Gruppen herum positioniert haben, welche sich dann zu neuen Communities zusammenschließen.[30]

---

[30] Vgl. [AHS10], S. 95 f

7 Analyse von Beziehungen am Beispiel des e-Learnings

Die Bedeutung von e-Learning Plattformen wächst kontinuierlich. Im Gegensatz zur normalen Unterrichtsform haben sie den Vorteil, dass sie keine Räume oder spezielle Hardware voraussetzen (abgesehen von einem internetfähigen Rechner). Sie bieten den Lehrenden und den Lernenden die Möglichkeit einfach gegenseitig Informationen auszutauschen. Durch den engen Kontakt mit den Lehrenden kann zudem eine bessere Betreuung gewährleistet werden. Im Rahmen der Analyse sozialer Netzwerke, lassen sich e-Learning Plattformen wohl am besten als eine Art Community verstehen, deren Mitglieder alle das Selbe Ziel verfolgen, nämlich etwas zu lernen.[31]

Die Lehrenden werden bei e-Learning Plattformen als eTutors bezeichnet. Ihre Rolle unterscheidet sich dabei von der eines normalen Lehrers an Schulen oder Universitäten in mehreren Bereichen.

1. Pädagogische Rolle: Die eTutors unterstützen den Lernprozess ihrer Schüler in der Art und Weise, dass sie Arbeitsanweisungen geben, Übungsfragen stellen, Beispiele zu den Aufgaben geben, Feedback fordern und geben und die Lernenden motivieren.
2. Managerrolle: Die Managerrolle umfasst zum einen die Leitung des Kurses und zum anderen die Überwachung der Entwicklung der Lernenden.
3. Soziale Rolle: Hierbei steht das Klima unter den Lernenden sowie den Lernenden und dem Lehrenden im Vordergrund. Der eTutor soll für hier für eine freundliche und angenehme Atmosphäre sorgen.
4. Technische Rolle: Die Technische Rolle umfasst das Bereitstellen aller nötigen Programme, die im Rahmen des e-Learnings benötigt werden. Außerdem sollte der eTutor den Lernenden Support leisten, falls diese Probleme mit der benötigten Hard- oder Software haben.[32]

Die Datengewinnung für das e-Learning Projekt lief folgendermaßen ab.

1. Zunächst wurden die Daten für die Analyse gesammelt. Hierfür wurden die Daten aus so genannten e-Learning Management Systemen (LMS) benutzt. LMS werden von den Lernenden sowie den eTutors im Rahmen des eLearning genutzt. Sie sammeln kontinuierlich Daten über die Aktivitäten und Interaktionen während des Lernprozesses. Im Normalfall werden diese Daten in Datenbanken oder Log-Files aufbewahrt.
2. Anschließend werden die gewonnenen Daten aufbereitet. Dieser Schritt beinhaltet die Entfernung von nicht benötigten Daten aus dem ausgewählten Datensatz, damit die anschließend eingesetzten Analyse-Tools die Daten sinnvoll auswerten können.
3. Nun findet die eigentliche Gewinnung der Daten statt. Hierfür werden Analyse Tools und Algorithmen eingesetzt, die die gewünschten Informationen aus den Datensätzen extrahieren. Diese können nach bestimmten Kriterien, wie z.B. die Eingrenzung auf bestimmte Anwendergruppen (eTutors, Lernende, Systemadministratoren), gefiltert werden.
4. Die gewonnenen Daten werden nun Graphisch aufbereitet dargestellt. Dies kann beispielsweise anhand von Matrizen oder Graphen geschehen.
5. Im letzten Schritt werden die Daten analysiert. Die hierbei gewonnen Informationen können beispielsweise dafür genutzt werden, den Lernprozess zu verbessern oder die Beziehung von eTutors zu den Lernenden zu optimieren.[33]

---

[31] Vgl. [WP10_1]
[32] Vgl. [AHS10], S. 291 ff
[33] Vgl. [AHS10], S. 299 f

Im Folgenden soll die Analyse anhand eines Praxisbeispiels noch einmal verdeutlicht werden. In einem Versuch wurde das eLearning System Moodle Learning Systems (MLS) der Universität Silesian näher betrachtet. Die zur Verfügung gestellten Daten stammten aus einer Log-Datei, die das MLS erstellt hat. Zu den Aufgaben während des Versuchs zählten folgende.

- Zunächst sollte eine Analyse der Daten erfolgen.
- Auf Basis dieser Analyse sollten anschließend Communities ermittelt werden, die innerhalb des gesamten MLS existieren oder aber auch innerhalb einzelner Lehrveranstaltungen entstanden sind.
- Die Grundlage für diese Untersuchung bildeten dabei nicht die gemeinsamen Interessen der Mitglieder sondern vielmehr die unterschiedlichen Lernaktivitäten. Es sollten Aussagen darüber getroffen werden, in welcher Abhängigkeit die Zusammenarbeit der Studenten mit ihren Fächern steht und was für Unterschiede es in Bezug auf die Intensität der Zusammenarbeit gibt.
- Außerdem sollte die These überprüft werden, ob es stimmt, dass zwei Lernende, die den Selben Kurs gebucht haben, meistens auch eine Beziehung zu einander haben.

Zunächst wurden für die Analyse einige Definitionen festgelegt. Demnach werden Aktivitäten in 30 Minuten Intervalle unterteilt. Es wird also alle 30 Minuten etwas als neue Aktivität bewertet. Die Aktivitäten werden dabei in mehrere Kategorien unterteilt.

- Einsicht von Lehrmaterial
- Beteiligung an Diskussionen in Foren
- Erledigung von Übungsaufgaben
- Teilnahme an Prüfungen

Hierbei wurden lediglich Lernende berücksichtigt, die im untersuchten Zeitraum mehr als eine Aktivität zeigten. Dies ist damit zu begründen, dass ansonsten das Ergebnis der Interaktion der Mehrheit zu sehr verfälscht worden wäre. In der Regel sind dies Studenten, die ihr Studium abgebrochen haben.[34]

Zur Analyse der Daten wurde anschließend ein Clusteringverfahren eingesetzt –die sogenannte Hierarchical Agglomerative Clustering Methode. Hierbei werden einzelne Objekte Schrittweise zu Clustern und anschließend zu größeren Gruppen zusammengefasst. Das Verfahren wird dann beendet, wenn alle Cluster einen bestimmten Abstand zueinander überschreiten. Der genaue Ablauf ist wie folgt.

1. Zunächst wird eine quadratische Matrix gebildet. Dabei sind in der ersten Zeile und in der ersten Spalte jeweils alle Lernenden gegeneinander aufgelistet, die für die Untersuchung ausgewählt wurden.
2. Wenn das Clustern beginnt, repräsentiert zunächst jeder Lernende ein Cluster. Wir haben also so viele Cluster, wie wir Lernende haben.
3. Diese Cluster werden nun nacheinander auf Ähnlichkeit hin untersucht und zu größeren Clustern zusammen gefasst. Diese Zusammenfassung geschieht dabei immer in Bezug auf ihre Ähnlichkeit (z.B. wer studiert BWL und ist in den Foren sehr aktiv), welche untersucht wird. Dabei wird für jede Stufe der Untersuchung ein Abstand vorgegeben, welche den maximalen Abstand der zusammenzufassenden Cluster voneinander beschreibt.
4. Dieses Zusammenfassen von Clustern wird nun mehrfach wiederholt, wobei jedes Mal ein größerer Maximalabstand zwischen den einzelnen Clustern, die zusammengefasst werden sollen, vorgegeben wird. Hierbei entsteht Runde für Runde eine neue, höhere aber auch genereller gefasste Ebene des Clustering.

---

[34] Vgl. [AHS10], S. 307 ff

5. Das Clustering wird beendet, wenn die letzten Cluster zu einem übergeordneten Cluster zusammengefasst werden können. Dieses Cluster bildet dann die Spitze des Clusters-Baumes.[35]

Graphisch lassen sich diese Baumstrukturen in tree maps abbilden. Im Folgenden ist ein solcher tree map abgebildet.

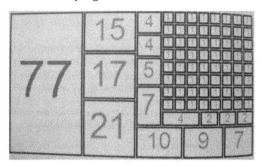

Abbildung 7 - Agglomerative Clustering tree map - [AHS10], S. 312

Die Zahlen in den Rechtecken geben dabei jeweils die Anzahl der Lernenden an, die zu einem Cluster zusammengefasst wurden. Eine solche Darstellungsform ermöglicht immer nur den Blick auf einen bestimmten Zeitpunkt des Clusterings. Da bei dieser Abbildung schon ziemlich große Cluster vorhanden sind, lässt dies darauf schließen, dass bereits mehrere male Cluster zu größeren Clustern zusammengeschlossen wurden. Eine Möglichkeit, diesen Verlauf mit abzubilden, bieten einem Baumdiagramme.[36]

Neben der Erstellung einer tree map wurden auch die Beziehungen der Lernenden untereinander untersucht. Dabei ließ sich als Ergebnis festhalten, dass vor allem Mitglieder, die am Selben Kurs teilnehmen, enge Bindungen zu einander haben. Sie lassen sich jedoch noch nicht als Cliquen bezeichnen. Die Beziehungen innerhalb eines Kurses mit 17 Lernenden sind in der nachfolgenden Abbildung dargestellt.

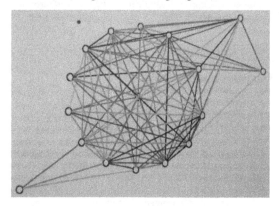

Abbildung 8 - Beziehungen in eLearning Kursen - [AHS10], S. 313

---

[35] Vgl. [IO10]
[36] Vgl. [IO10]

Quellen

[AU10]   Mario   Auer;   2010;   Interaktion;
               http://www.stangl.eu/psychologie/definition/Interaktion.shtml, abgerufen am
               13.06.2010

[AHS10]   Ajith Abraham, Aboul-Ella Hassanien, Vaclav Snasel; Springer Verlag London,
               2010; Computational Social Network Analysis – Trends, Tools and Research
               Advances

[BBFl10]   Bundesministerium für Bildung und Forschung; 2010; Mensch Technik
               Interaktion; http://www.pt-it.pt-dlr.de/de/180.php, abgerufen am 17.04.2010

[CH09]   Alvin Yung Chian Chin; University of Toronto, 2009; Social Cohesion Analysis of
               Networks: A Novel Method for Identifying Cohesive Subgroups in Social
               Hypertext;
               https://tspace.library.utoronto.ca/bitstream/1807/17742/1/Chin_Alvin_YC_2009
               06_PhD_thesis.pdf, abgerufen am 25.05.2010

[FU06]   Manfred Fuchs; DUV Verlag Wiesbaden,2006; Sozialkapital, Vertrauen und
               Wissenstransfer in Unternehmen

[GR83]   M. Granovetter; Social Theory Verlag, 1983; The strengt hof weak ties: a network
               theory revisited

[IO10]   Improvedoutcomes; 2010; Agglomerative Hierarchical Clusterung Overview;
               http://www.improvedoutcomes.com/docs/WebSiteDocs/Clustering/Agglomera
               tive_Hierarchical_Clustering_Overview.htm, abgerufen am 19.06.2010

[LS02]   Hartmut Lang, Michael Schnegg; 2002; Netzwerkanalyse – Eine
               praxisorientierte   Einführung;   http://www.methoden-der-
               ethnographie.de/heft1/Netzwerkanalyse.pdf, abgerufen am 01.06.2010

[MA02]   Uwe Matz; Universität Düsseldorf, 2002; Soziale Netzwerke und die Entstehung
               von Normen in akademischen Online Gruppen; http://unnamed.net/Soziale-
               Netzwerke-Normen.pdf, abgerufen am 09.06.2010

[SC00]   J. Scott; Sage Verlag London 2010; Social Network Analysis – A handbook

[SSA10]   Gunter Saake, Kai-Uwe Sattler; 2010; Algorithmen und Datenstrukturen – Arten
               von   Graphen;   http://wwwiti.cs.uni-
               magdeburg.de/iti_db/lehre/algds/docs/folien2-6.pdf, abgerufen am 20.04.2010

[THS05]   Mark Trappmann, Hans J. Hummel, Wolfgang Sodeur; VS Verlag Wiesbaden,
               2005; Strukturanalyse sozialer Netzwerke – Konzepte, Modelle, Methoden

[WP10_1]   Wikipedia; E-Learning; http://de.wikipedia.org/wiki/E-Learning, abgerufen am
               15.06.2010